AF258157

PROJET

D'UN MANDAT SPÉCIAL

ET IMPÉRATIF,

AUX MANDATAIRES DU PEUPLE

A LA

CONVENTION NATIONALE.

A tous les cœurs bien nés que la Patrie est chère.

VOLTAIRE.

Par JEAN VARLET, électeur de 1792, et Citoyen de la Section des Droits de l'Homme, rue Tiron, N°. 6.

Imprimé aux fraix des Sans-Culotes.

L'AN PREMIER DE LA RÉPUBLIQUE FRANÇOISE.

PROJET

D'UN MANDAT SPECIAL

ET IMPÉRATIF,

Aux mandataires du Peuple à la Convention Nationale.

MANDATAIRES DU PEUPLE,

Vous êtes sortis du rang des simples citoyens, pour aller, en dernier ressort, agiter l'urne de nos destinées ; écoutez le langage austère de vos commettans, et peut-être cette fois vous serez, au sanctuaire des loix, pénétrés de vos devoirs comme nous le sommes de nos droits.

Mandataires du Peuple , de l'instant que des évènemens majeurs ont forcé nos députés à nous convoquer en assemblée primaire, la souveraineté du Peuple a retourné à sa source ; nous nous sommes ressaisis de toute notre indépendance ; par raison nous avons encore obéi aux loix que vous êtes appellés à refaire , parce que, bien qu'elles soient défectueuses , elles peuvent éviter l'anarchie que suivroit leur silence absolu. Ainsi donc notre obéissance n'est que conditionnelle, et, réunis dans dans notre assemblée primaire , nous n'en avons pas moins senti qu'au moment où les dépositaires de nos intérêts nous les remettoient , c'étoit d'abord pour les discuter nous-mêmes. Tout ce qui intéressoit essentiellement l'organisation , l'ordre , l'harmonie , la reconstruction même de l'édifice social , étoit de notre compétence. Nous nous en sommes occupés et nous vous donnerons , après de courtes réflexions , le résultat de nos délibérations.

Mandataires du Peuple , c'est particulièrement dans l'énonciation de nos volontés , que réside le plus beau de nos droits. Croyez-vous que nous aurions exercé notre souveraineté dans toute sa plénitude ; en ne faisant qu'élire ceux qui nomment les députés à la convention nationale. Ce mode d'élection n'est-il pas déja une première aliénation de nos droits , puisque les choix faits n'ont point encore cette fois émané immédiatement de nous. Vos concitoyens s'apperçoivent qu'ils n'ont eu jusqu'ici qu'un fantôme de liberté : ils en fixeront le sens ; quand ils renoncent momentanément à l'exercice de leur souveraineté pour en laisser l'usufruit à leurs mandataires, ils entendent que désormais ce soit à des conditions prescrites. Nos députes , vous ne serez plus nos représentans (*) , vous serez nos mandataires, nos organes : vous verrez tracée devant vous , la ligne que vous devez suivre. Avant d'entâmer sérieusement vos travaux , vous allez recevoir le plan de conduite que nous vous avons dressé. Si les loix de vos prédécesseurs n'ont pu jusqu'ici prendre un caractère respectable , à qui s'en prendre ? aux législateurs qui se sont cru infallibles ; et parce qu'ils discutoient , décrétoient , ont pensé qu'ils exprimoient les volontés du souverain , lorsque trop souvent

(*) Presque toujours celui qui représente s'imagine être réellement , et il est de principe que notre inaliénable souveraineté ne peut ni se déléguer , ni se représenter.

Ils ne les présumoient pas. Les loix ne doivent point être le résultat des impressions que produisent des orateurs communément plus captieux que sincères, mais bien le recensement des ordres intimés par les assemblées primaires. En rédigeant notre mandat, nous ne nous sommes pas inquiétés si ce mode étoit suivi par toutes les sections de la France libre, il nous a suffi de savoir que nous en avions le droit. Dans un état où le peuple est tout, le premier acte de la souveraineté est d'élire, le second, de rédiger des pouvoirs, des mandats à ceux élus. Les députés constituans se sont bien exercés à exalter nos droits imprescriptibles ; ils ont passé sous silence l'article important des pouvoirs, des mandats. Au nom des principes qu'ils avoient eux - mêmes reconnus, ils ont été aussi despotes que les rois dont ils avoient ébranlé la monstrueuse autorité. La tyrannie s'est entée sur la tyrannie, et l'on a vu s'établir une puissance sans frein, des députés sans pouvoirs, sans mandats, qui ont pu facilement substituer leurs systèmes, leurs volontés particulières aux ordres du souverain. Ce vice capital vous l'extirperez.

MANDATAIRES DU PEUPLE d'après

(7)

les iniquités constitutionnelles , et législatives dont nous fûmes témoins , pensez-vous que vos concitoyens jaloux de conserver leur indépendance , puissent n'être point méfians ? oh ! ils vous le déclarent avec franchise , à l'avenir tous les individus , revêtus de pouvoirs , exciteront leurs vives sollicitudes. L'expérience prouve que si , je ne dirai point la surveillance , mais la force du Peuple , n'est point là pour maintenir ses Mandataires , les remettre dans la route , ils sont prêts à oublier ceux desquels ils relèvent.

Point de députés sans pouvoirs , sans mandats : ce principe nous garantit de la tyrannie législative : il est si précieux , qu'il doit trouver sa place dans la déclaration des droits de l'homme.

En mil sept cent quatre-vingt-neuf , engourdis par les habitudes d'un régime oppresseur , nous n'avions pas de grandes connoissances en droit public ; nous n'éprouvions qu'un sentiment , celui de nos maux , il nous porta à rédiger des cahiers , qui furent les préliminaires de la révolution françoise , donnèrent la conception à la liberté, Nos doléances , nos plaintes firent connoître les tyrannies innombrables , qui sansuroient , absorboient , écrasoient la partie du Peuple la plus respectable , celle des citoyens laborieux. Le remède à toutes les turpitudes d'un régime odieux fut l'immortelle proclamation de nos droits : et nous ferions moins aujourd'hui , que le génie des Peuples libres plane sur notre sol ; aujourd'hui que tous fiers et orgueilleux du simple titre de citoyen , auquel nous avons résolu de ne renoncer qu'avec la vie ; et nous ne sentirions pas de quelle dangereuse conséquence il deviendroit d'investir toujours , d'une autorité sans bornes , ceux qui tiennent le dépôt sacré de nos destinées.

Nous voulons bien croire qu'un grand nombre de députés , élus à la convention nationale , inspirent la confiance ; mais ce bon augure qu'on tire des choix faits , n'est point suffisant pour nous rassurer. On peut avancer , sans crainte d'être démenti , une triste vérité , c'est que dans les deux premières sessions nationales , l'amour de la patrie fut loin d'être un sentiment vulgaire ; on y vit le rafinement

de l'intrigue , le royalisme , le failletisme ,
le feuillantisme , les faux talens , l'orgueil ,
l'apathie , l'insouciance, toutes les passions et
quelques vertus.

Avec les amans de la liberté , nous nous
félicitons d'avoir vu s'ensevélir le despotisme
royal , dans la journée du dix août. Nous en
avons tressailli de joie , et cependant nous
avons dit aux citoyens qui s'enthousiasment
au seul mot de république : songez que vous
n'êtes point affranchis de tous les despotismes :
non , non , les palais des rois ne sont pas les
demeures exclusives des despotes ; que votre
haine se dirige contre les ambitieux qui son-
geroient à régner sur les débris du trône , ou
pourroient voir , dans la seconde révolution ,
de nouvelles chances à courir , une carrière
neuve ouverte à leurs intrigues.

Mandataires du Peuple , vos prédécesseurs ,
lorsqu'ils furent nommés , eurent , comme
vous , notre confiance : ils en abusèrent ; ils
prouvèrent que , pour avoir plus de talens ,
ils n'en avoient pas moins des cœurs pétris de

mille foiblesses. Vos concitoyens sont depuis devenus inquiets , ombrageux , méfians toutes les fois qu'ils confient à leurs mandataires , le soin de discuter leurs intérêts. Ils savent combien exige le poste important de législateur ; qu'une profonde connoissance des hommes , qu'un génie abondant et facile , qu'une philosophie consommée ne sera toujours le partage que d'une très-foible minorité. Ce dont ils ont droit de vous sommer, c'est de déployer une grande énergie , à la convention nationale , d'être pour le premier auteur de nos maux, des juges sévères, inflexibles, pour ne paroître que justes , d'opposer aux doucereux modérés, aux patriotes tartufes , aux savans astucieux, la châleur , la franchise, des talens naturels sans emphase. Chacun de nous attend en suspens le bien-être que vous devez nous faire éprouver. Vous dire que vos commettans se flattent qu'ils vont trouver en vous des législateurs ardens , magnanimes , ce ne seroit pas rendre ce qui se passe au dedans de nous , car nous ne pouvons nous défendre de la méfiance , même sur ceux qui ont réuni nos suffrages Pour les juger , nous les attendons à la sortie de leur carrière conventionnelle.

MANDATAIRES DU PEUPLE ,

Vous avez déclaré que vous étiez révocables ; nous déterminerons facilement les cas où vous pouvez l'être. L'expression , la notification de nos volontés vous donnera la mesure de vos devoirs , vous rappellera sans cesse au temple des loix , que vous n'êtes que des fondés de procuration , chargés de donner un plus grand développement à nos idées.

Les citoyens de la section des hommes libres (*) , réunis en assemblée primaire , considérant qu'ils font partie du souverain , et qu'à ce titre ils ont droit de manifester des volontés ; qu'au moment où ils voient leurs concitoyens donner le dangereux exemple des pouvoirs illimités , sans déterminer ni prendre les mesures seules efficaces pour empêcher des Mandataires d'abuser de leur confiance ; qu'ils ont cependant appris à connoître le danger qu'il y a de laisser aux députés du Peuple , une liberté absolue d'opinion ; qu'il

(*) Cette section n'est encore qu'imaginaire.

B 2

paroît déja constant que la convention nationale a reconnu le droit qu'a le souverain de
sanctionner lui-même ses loix ; que la déclaration de ce principe seroit illusoire et imprati-
cable , si dans ses assemblées primaires le Peuple
ne se familiarisoit pas à discuter ses intérêts
les plus majeurs , si les principaux objets de
la mission des mandataires n'étoient point
déterminés par les commettans ; ont résolu
d'expliquer quelle fut leur intention en ap-
pellant leurs députés à la convention nationale , de quelle autorité ils ont voulu les investir , et d'arrêter (*) les conventions qu'ils
font avec leurs Mandataires.

MANDATAIRES DU PEUPLE ,

Nous vous avons élus pour nous donner des
loix constitutionnelles , formées de tout ce que

(1) Si le Peuple savoit ce qu'il est , si par des
mandats il avoit usé du droit qu'il a d'exercer lui-
même sa souveraineté dans les assemblées primaires
alors les loix seroient ce qu'elles doivent être dans
leur essence , des actes du souverain aux délégués ,
et non des Mandataires aux commettans. C'est ainsi
qu'on procède dans les républiques.

l'étude de la nature , les leçons du tems , l'expérience des anciennes républiques , la sagesse des philosophes , la science des publicistes , offrent de plus propre à rendre heureux les hommes destinés à vivre en société. Le code constitutif des françois sera tel, que tous les peuples du monde n'auront pas de plus pressant besoin que celui de l'adopter. Vous cimenterez le pacte social par des institutions bienfaisantes: les signes certains auxquels nous voulons les reconnoître, sont l'extirpation de la mendicité, la disparution graduelle de la trop grande inégalité des fortunes (*), la regénération des mœurs, la propagation des lumières, le concours unanime des citoyens aux charges, aux avantages de la société, la séparation bien distincte des fonctions publiques, les moyens sûrs de répression contre les usurpateurs ou dépré-

(*) On n'entend point parler ici des grandes propriétés acquises par de belles spéculations , ou des entreprises hardies, ni gêner en rien nos rapports commerciaux avec l'étranger, mais seulement empêcher que par l'agiotage , le monopole , l'accaparement, les fortunes particulières se grossissent aux dépens de la fortune publique.

dateurs, l'émulation, l'encouragement accordés aux talens dirigés vers l'utilité commune, les témoignages authentiques de reconnoissance et d'estime donnés aux citoyens qui se livrent avec constance à la défense des droits du peuple, l'isolement, la honte, le mépris, la nullité aux égoïstes, aux insoucians. Enfin, quand vous dresserez les articles du contrat social, vous vous imaginerez organiser une communauté, où chacun ne doit recueillir qu'à raison de la part qu'il y a mise.

Vous jugerez Louis XVI comme un simple citoyen, puisque sa première sentence de réprobation étoit prononcée par le vœu exprès du peuple, avant le jour où il voulut mettre à fin le plus exécrable des complots, dont, par des preuves ostensibles et palpables, on peut lui prouver qu'il étoit le chef.

Pour tous ceux qui restent de la famille des Bourbons, renfermés dans le Temple, vous imiterez les Romains, qui chassèrent les Tarquins.

Vous perfectionnerez la déclaration des droits de l'homme.

Vous poserez la base, jusqu'ici si négligée, du bonheur social; elle doit se trouver dans un plan d'éducation nationale, calqué en tout sur des principes de liberté, d'égalité, soigné dans son exécution.

Vous demanderez qu'aucun père de famille ne puisse avoir chez lui, pour ses enfans, des instituteurs particuliers; qu'ils soient tous obligés de les faire participer aux cours d'instruction publique.

Vous reformerez, réfondrez la constitution dans tous les articles qui contrarient le libre exercice de notre souveraineté: nous demandons une constitution populaire qui puisse hardiment soutenir le parallèle de la déclaration des droits de l'homme; ce n'est pas seulement une constitution sans roi ni royauté, mais sans dictateurs, ni sénateurs, ni triumvirs, ni décemvirs, ni tribuns, ni aucun chef quelconque, qui, sous une autre dénomination, seroit investi des mêmes pouvoirs. Vous ne toucherez point aux articles de la constitution qui consacrent la permanence, l'unité de chambre, le période de deux années pour la réélection

des députés, leur nombre à chaque législa-
ture ; vous conserverez la distribution de la
France en quatre-vingt-trois départemens. Nous
trouverons dans cette division-là même , le
moyen le plus capable de maintenir toutes les
parties de la France libre, dans l'unité nationale , et de toujours ramener à un centre
commun d'activité , toutes les opérations qui
vivifient un grand état; si c'est là ce qu'on
entend par le mot république , nous voulons
impérativement la république.

Vous ajouterez cet article important à la
déclaration des droits de l'homme: la souveraineté du peuple est le droit naturel qu'ont
les citoyens , dans les assemblées , d'élire sans
intermédiaires à toutes les fonctions publiques,
de discuter eux-mêmes leurs intérêts , de rédiger des mandats aux députés qu'ils com-
mettent pour faire des loix , de se réserver la
faculté de rappeller et de punir ceux de leurs
mandataires qui outrepasseroient leurs pouvoirs ou trahiroient leurs intérêts ; enfin, d'exa-
miner les décrets, qui tous, hormis ceux que
commandent des circonstances particulières ,
ne peuvent avoir force de loix , qu'ils n'ayent

été

été soumis à la sanction du souverain dans les assemblées primaires.

Indépendamment de la nomination par le peuple à toutes les fonctions publiques, vous ferez établir des règles invariables d'admission aux emplois auxquels seront obligés de s'astreindre les chefs des diverses administrations, ces règles feront disparoître des préférences injustes, lorsqu'il s'agira de la distribution d'un patrimoine commun ; l'étranger n'insultera plus au citadin, le célibataire au père de famille, le riche paresseux et ignare au citoyen indigent et utile.

Vous assurerez d'une manière stable l'état civil et les droits naturels des citoyens.

Vous demanderez que les administrateurs de département, de district et toutes les municipalités de la France libre, soient tenus de déposer dans un lieu public de leur résidence respective, un double de leurs registres, où seront, tout au long, consignées jusqu'aux moindres opérations, et que les citoyens pourront tous les jours consulter.

Vous statuerez sur la cumulation des fonctions. Deux postes ne peuvent être bien occupés par le même individu : vous demanderez qu'on soit tenu d'opter.

Vous ferez décréter comme loi fondamentale, qu'il n'y a plus, en France, qu'un pouvoir, celui du Peuple dans les assemblées primaires et dans ses mandataires, conséquemment que l'exécution des loix sera désormais confiée à une commission exécutive, composée de fonctionnaires amovibles, en petit nombre, comptables à époque fixe. Chaque citoyen appellé à l'exécution des loix, sera, à son tour, président de la commission exécutive.

Vous ferez déclarer que les ministres seront destitués quand l'opinion du peuple les dénoncera, réélus tous les deux ans ; qu'à cette époque le corps législatif enverra dans toutes les assemblées primaires, une liste de candidats.

Vous demanderez un mode sévère de responsabilité particulier aux citoyens chargés de l'exécution des loix.

Vous ferez des loix pour décerner de

grandes récompenses aux Mandataires du Peuple , ét à tous autres fonctionnaires qui se seront signalés dans leur poste.

Vous demanderez l'établissement d'un code pénal pour les fonctionnaires publics prévaricateurs , lequel prononcera la peine de mort pour un Mandataire du Peuple convaincu d'avoir trahi les intérêts de ses commettans. Vous spécifierez , préviendrez tellement les cas de prévarication, que les fripóns ayent à déserter les postes pour les laisser aux citoyens probes et désintéressés.

Pour connoître désormais de toutes les atteintes portées aux droits publics des citoyens , pour appliquer la loi de responsabilité aux députés ou foncionnaires infidèles , vous créerez une nouvelle institution composée de patriotes d'élite , éprouvés dans les fonctions de législateurs ou d'officiers municipaux. Ces citoyens respectables seront nommés les magistrats du souverain.

Vous demanderez que la générosité françoise s'exerce, avec grandeur , à élever jus-

ques dans les moindres villes , des monu-
mens à l'humanité souffrante ; que là , citoyens , femmes , enfans , infirmes ou dis-
graciés de la nature , et tous ceux qui joignent
à la misère les calamités qui nous affligent,
tous indistinctement , reçoivent des secours
prompts , abondans , bien administrés ; que
les alimens y soient sains , délicats , tels
qu'ils conviennent à des êtres qui pâtissent ,
et qui ont droit d'attendre des grandes con-
solations d'un Peuple libre.

Vous réaliserez ce beau projet d'élever quatre
hôpitaux , aux extrémités de la capitale.

Vous ferez déclarer que tous les François
naissent soldats , que pour les accoutumer à
une discipline stricte et nécessaire, et les exercer
aux évolutions militaires, chaque citoyen sera ,
depuis 18 jusqu'à 21 ans , enregimenté comme
troupe de ligne.

Vous ferez reconnoître que la nation ayant
proclamé la liberté des cultes , ne peut plus,
sans contrarier ce principe , salarier une secte
particulière , ni même lui livrer gratuitement
des édifices ; que cependant elle prend tou-

jours sous sa protection les ecclésiastiques infirmes ou avancés en âge , parce qu'ils sont hors d'état de se rendre utiles.

Vous ferez prohiber la vente de l'argent et des papiers à l'empreinte de la nation ; vous les déclarerez propriétés nationales ; qu'aucun individu, sous des peines expresses, ne pourra ni vendre, ni accaparer.

Vous ferez vouer à l'infamie tous les accapareurs ; vous demanderez des confiscations au profit du trésor national , des peines afflictives , des peines de mort contre ces sangsues des états.

Nous déclarons vouloir user du droit que nous avons de ne point consentir le premier impôt , qu'au préalable on ne nous ait justifié, par des comptes rendus publics , de l'emploi des contributions.

Vous nous donnerez un tableau des biens vendus et à vendre , celui des dettes acquittées et à acquitter , un état détaillé, clair, net, définitif des finances , et vous n'abandonnerez point cette fois vos postes que vous ne nous ayez, sur cet article, donné des comptes satisfaisans.

Vous entretiendrez avec nous , pendant toute votre mission , une correspondance active.

***

Des sections de la capitale qui ont de grandes réputations de patriotisme , ont entendu et accueilli la lecture de cet ouvrage : je ne demandois pas qu'ils l'adoptassent ; je croyois obtenir de mes concitoyens , qui m'avoient tant applaudi , les honneurs de l'impression ; cette marque d'estime m'eut singulièrement flatté : je me trompois ; une seule section a fait une contribution volontaire qu'elle a reprise le lendemain. Il y a des meneurs de sections. J'ai vu que ceux qui parloient les derniers étoient des Cicérons ; j'ai vu qu'ils sont bien rares les hommes qui sont eux et ne pensent point par les autres ; et j'ai dit : ô ma patrie ! quand seras-tu république ?

***

A PARIS

Chez les Directeurs de l'Imprimerie du Cercle Social, rue du Théâtre-François , N°. 4.

1792.

www.ingramcontent.com/pod-product-compliance
Lightning Source LLC
Chambersburg PA
CBHW051402060726
47596CB00005B/2040